Rolf Friedrich Schuett

Frauen, Freiheit, Liebe und Proleten

Theorie oder Praxis, Denken oder Handel(n)?

Rolf Friedrich Schuett

Frauen, Freiheit, Liebe und Proleten

*Theorie oder Praxis,
Denken oder Handel(n)?*

Books on Demand

Bibliographische Information Der Deutschen Bibliothek:
Die Deutsche Bibliothek verzeichnet diese Publikation
in der Deutschen Nationalbibliographie; detaillierte
bibliographische Daten sind im Internet abrufbar über
http://dnb.ddb.de

Copyright © 2020 Rolf Friedrich Schuett

Erste Auflage

Herstellung und Verlag :
BoD – Books on Demand, Norderstedt

Gedruckt auf alterungsbeständigem Papier
(holz- und säurefrei)

Umschlaggestaltung : E. L. Schmidt

Printed in Germany

ISBN 978-3-7526-0509-9

INHALT

.

Das Staunen über den weiten Sternenhimmel,
der nicht herabsieht, ist ein Staunen über die enge
Menschenhölle, die nicht hinaufschaut

Für Elke

FRAUEN

Männer sind so viel wert
wie das *Nein* der Frauen.

Mann will an einem Ziel ankommen
wie bei einer Frau.

Eine verliebte Frau läuft vor dem Mann weg,
wohin er will.

Um *Sokrates* zu werden, genügt es nicht,
seine Frau zur *Xanthippe* zu machen.

Beruht die Anziehungskraft der Geschlechter
darauf, dass die Mutter des Mannes und
der Vater der Frau gut zueinander passen?

Massen- und Frauenbewegung? Ja,
Massen und Frauen werden unentwegt bewegt.

Ein *Chauvinist* ist ein Mann, der die Frauen-
quote nicht nur unter Managern und Politikern
erhöhen will, sondern auch und gerade unter
Weibern.

Eine Frau kreißt nicht nur um sich selbst.

Was ein Mann ist, also wer bestimmen darf,
was eine Frau ist, bestimmt noch immer
die Frau.

Jeder Mann bleibt immer derselben (Art von)
Frau treu, die ihrer gleichen Art von Untreue
untreu wird.

Noch immer macht der Mann die Frau
zur Mutter. Zu seiner.

Menschen sollten ihre Erforschung so nehmen
wie Frauen den Sexualkundler: die Erregung,
die sie spüren, ist nicht messbar,
und die gemessen wird, fühlen sie nicht.

Der Schwanengesang der Jungfrau klingt
schöner als die Jungfernrede der Hausfrau.

Die Frau trägt kein Kind,
der Mann keinen Kampf mehr um sie aus.

Manche Frau schämt sich nicht,
durch Erröten zu reizen.

Unsere Eingangstür zum ganzen Weltraum
ist dieselbe wie zu einem Frauenzimmer –
ein enger Geburtskanal.

Die Schönheit hässlicher Frauen liegt nicht
in den Schönheitsfehlern der Schönen.

Immer mehr Frauen wollen gehasst
und verhöhnt werden – als Chefs und Politiker.

Frauenlob, Fürstenlob und Selbstkritik
waren immer Ironie.

Können Frauen männliche Privilegien
abschaffen, ohne ihre eigenen zu opfern?

Der Bürger bezahlt Fitnesscenter und Putzfrau,
statt sein Haus schweißtreibend kostenlos
selbst aufzuräumen.

Mann und Frau machen sich frei –
erst voreinander, dann voneinander.

Hält ein Mann,
was er sich von einer Frau verspricht?

Werden Mann und Frau *ein* Fleisch,
endet ihre Beziehung.

Mann und Frau verstecken sich voreinander
unter einer Decke.

Frauen kommen nicht zur Welt,
zu der sie bringen – schrei(b)en sie.

Der Mann wurde Hahn im Korb,
den Frauen ihm geben.

Herrenabend :
Überm Frauenhaus steht : *Nein, meine Herren!*
Überm Freudenhaus : *Hi-nein, meine Herren!*

Frauen hassen Falten,
selbst Einfalt, Vielfalt und Dreifaltigkeit.

Manche Frau entpuppt sich
als bloßes Püppchen, sagen Puppenspieler.

Er heiratet nur noch die Frau in ihm,
sie nur noch den Mann in ihr.

Gut sind nicht einmal Ehen zwischen
Hausmännern und misogynen Frauen.

Wollen freie Frauen, um an ihren Müttern
die Väter zu rächen, Männer beseitigen,
die laut *Freud* ihre Väter beseitigen wollen?

Erschaffen Männer gern Unsterbliches,
weil Frauen nur Sterbliche(s) erschaffen?

Als *Frau Welt* und *Mutter Natur*
wird Realität etwas erträglicher.

Werden Mädchen von Frauen mehr gehasst
als von Männern geliebt?

Mann und Frau verbinden sich nicht
wie Kleinfamilien zu Großfamilien.

Sophokles´ Ödipus liebte seine Frau
und wußte nicht, dass sie seine Mutter war.
Freuds Ödipus liebte seine Mutter
und wußte nie, dass er sie begehrte.

Optimiststück? Sie bewirkt, dass er werkelt:
Schaffen Frauen Männer, die Werke schaffen,
welche ihnen guttun oder schöntun,
und wollen Mädchen noch geben,
was sie selbst nicht haben, damit Jungen geben
können, was sie einmal hatten?

Wer an einer einzigen Frau schon zu viel hat,
denkt leicht, er habe an einer noch zu wenig,
und kriegt von Frauen dann nie genug
– und immer zu viel.

Köche, Müllarbeiter und Putzfrauen
gehören eher an die Macht
als Priester, Künstler und Philosophen.

Ist ein Mann nichts, worauf er stolz ist,
hat er hübsche Frauen.

Ein Mann verdankt seiner Ehefrau
seinen Ehebruch, und eine Frau
verzeiht ihrem Mann nie ihre Untreue.

Wer eher Leser als Länder und Frauen erobert,
muss noch kein Philosoph sein.

Eine Frau, die nicht alle Liebhaber in einem
einzigen Mann hat, hat in allen Liebhabern
nicht einmal einen Mann.

An Männern ist nur das Beste gut,
an Frauen nur das Schlimmste schlecht.

Die Frauenseele sucht mit dem Leib,
der Männerleib mit der Seele.

In Kauf nimmt der Mann die Seele mit dem
Leib, die Frau den Leib mit der Seele?

Manchen ermüdet es schneller,
mit interessanten Frauen als mit interessanten
Büchern ins Bett zu gehen.

Einst sprach er zu ihr durch seine Taten,
heute tut er etwas für sie, indem er mit ihr redet.

Ein Mann ist stets so alt, wie gleichaltrige
Frauen aussehen, eine Frau aber selten so jung,
wie gleichaltrige Männer sich noch fühlen.

Patriarchen sind misogyn? Das Weib im Manne
hasst alle anderen Frauen.

Schöne Männer, die schon 60 sind, übersehen
dicke Frauen, die erst 50 sind, und Frauen,
die erst 40 sind, ahnen nichts von romantischen
Verehrern, die schon 14 sind.

Zum ersten Mal haben mehr Frauen als Männer
Hochschulabschlüsse, doch immer noch wollen
sie lieber die Manager heiraten, die zu werden
sie zu feig und zu faul sind?

Alt ist ein Mann, der nicht mal mehr gern
Verlangen nach Frauen hätte.

Eine Frau zu haben, ist für den Mann
nicht immer so schön, wie es schlimm ist,
keine zu haben.

Chauvinisten : Karrierefrauen, die ihre Kinder
von Immigrantinnen erziehen lassen,
doch ihre Brut gegen deren Brut durchboxen.

Mann und Frau von heute koalieren im
mörderischen Kampf gegen Menschen(kinder).

Eine Feministin misstraut heute ihrem Mann
mehr als der ganzen Industriegesellschaft.

Die Frau wurde ihrer Schwächen mächtiger,
der Mann seiner Stärken nicht gewachsener.

In vielen Ehen holen Frauen den Widerstand
gegen ihre Verführer nach.

Ist die Liebe erkaltet? Alte Ehepaare machen
sich nur die Hölle kühler.

Die moderne Frau heiratet den Mann in sich.

Der förmliche Antrag,
Frauen nur noch sittliche Anträge zu machen,
ist etwas unsittlich.

Die Frau von heute nimmt sich aus Liebe
zu Männern keinen oder aus Hass auf Männer
einen nach dem anderen *(sagen sie, sagt sie).*

Früher gab es entweder Mann *oder* Frau,
heute gibt es eher die als das *"Oder"*.
Das Schönheitsideal hält weibliche Kurven
für ungesunde Fettpolster, oder umgekehrt.

Die Ehe macht Mann und Frau
zu Geschwistern, die sich zu gut kennen,
um sich noch *erkennen* zu wollen.

Bisexuell : Wie, wenn der Herr die Dame liebt,
doch das Weib-im-Manne
nicht den Mann-im-Weibe?

Wenn du zum Weibe gehst,
vergiss nicht das Zuckerbrot!

Feminismus heißt, auch weibliche Täter
sind immer noch Opfer der männlichen Opfer
von Männern.

Der leibliche Vater ist lachender Dritte im Bunde von Weib und Kind wie der himmlische Vater im Bunde von Erdensohn und Mutter Natur.

LIEBE

Wer seine große Freiheit liebt,
der freit seine große Liebe.

Lieben heißt an einem Menschen hängen –
wie an einem seidenen Faden.

Ein Liebender bekleidet sich am liebsten
nur mit dem bloßen Leib des anderen.

Liebe : Zwei Ungenauigkeiten
passen genau ineinander.

Je weniger kleine Kinder,
desto mehr große Gefühle will die Liebe.

Ohne *Sexualobjekte* gibt es so wenig Liebe
wie ohne Sexualtabus.

Lieben : Umarmung umarmen, Küsse küssen
und sein Durchdrungensein durchdringen.

Wir bestrafen die uns Liebenden
für die uns nicht Liebenden.

Wer blaue Blumen nicht liebt,
ist noch kein Realist.

Wer die Liebe befreite, wollte sie abschaffen.
Wer Sex eindämmen will, muss ihn einhäm-
mern, und was keine schmutzige Sünde ist,
verkommt zur Hygiene.

Selbstlos liebst du allein den,
der nur sich selbst liebt.

Mancher liebt und lacht sogar,
weil das gesund sein soll.

Liebäugelt Sex mit der Müllabfuhr, um
Sehnsucht nach *passion d'amour* zu erregen?

Jeder will geliebt sein, denn Liebe macht blind.

Mancher hilft mir, weil er mich nicht lieben
kann, oder hasst mich, weil er mir nichts Böses
tun kann.

Zuweilen verhält sich die Liebe zur Gerechtig-
keit wie die Freiheit zur Gleichheit.

Meine Nächstenliebe nützt mir selber mehr
als der Gemeinschaft meine Eigenliebe.

Christliche Nächstenliebe läuft heute darauf
hinaus, jedem Mitmenschen zu einem gesunden
Egoismus zu verhelfen.

Wer das Töten liebt, der hasst die Toten.

Liebe und Geld regierten die Welt,
ginge es nach unseren Wünschen
und gäbe es die Weltgeschichte nicht.

Christsein 2000 : Liebe deine nächsten
misslungenen Abtreibungen!

Du rügst meine Mängel, die du liebst,
und lobst meine Gaben, die du hasst.

Wer seine Feinde dadurch liebt, dass er
seine Wohltäter hasst, ist noch kein Christ.

Junge denken nur an Liebe,
Alte lieben das Denken auch nicht.

Die Zukunft der Liebe liegt bei
Klosterbrüdern und Betschwestern.

Du liebst deine Neider und hasst,
wen du beneidest.

Herrenmoral heißt, dass Blufforgasmen
von Mätressen interessanter sind
als wahre Liebe von Ehefrauen.

Hinterm *Oxytocin* im Blut steckt
ein Liebesgefühl, nicht umgekehrt.

Das Problem mit der Liebe liegt darin,
dass Leute, die voneinander gefesselt sind,
bald aneinander gefesselt sind.

Die nicht kaltsinnig misshandelt werden,
werden liebevoll missbraucht.

In jedem liebst du den,
den er dir zu sein erlaubt.

Eher macht Liebe unglücklich als Glück beliebt.

Die Liebe kommt von der Libido, das Leben
von der Vitalität, die Rente von der Rentabilität.

Um mich mehr zu lieben,
als bei mir beliebt zu sein,
muss man mir genug geschenkt haben.

Allein Monogamie braucht Liebe,
ohne Eitelkeit zu vereiteln.

Wer liebt seine Gönner mehr als seine Feinde?

Wer vorlieb nehmen muss, hasst.

Große Eigenliebe ist beliebt,
obwohl jeder sich selbst den Kopf verdreht.

Geliebt wird nicht der Liebenswürdige,
liebenswert wird der Geliebte.

Liebt seinen Nächsten wie sich selbst,
wer Gott über alles lieben soll?

Wer nur seine Feinde liebt,
ist noch kein Christ.

Wer seine Schinder liebt,
fürchtet sie und sich weniger.

Wer liebt tugendhaft seines Nächsten Weib
und lasterhaft sein eigenes?

Um seine unterlegenen Feinde zu lieben, reicht
es nicht, seine überlegenen Freunde zu hassen.

Lieben muss vor allem,
wer fürs Recht unbegabt ist.

Der Mitmensch ist ein Wesen, das mich
bei Gott dadurch unbeliebt macht, dass es mir
die Nächstenliebe absichtlich schwer macht.

Christliche Feindesliebe
schockiert als letzte Perversion.

Ich liebe an mir, was ich an dir hasse,
und hasse an mir, was ich an dir liebe.

Liebe ist unlogisch, „weil der Degen
in die Scheide geht, so geht auch die Scheide
in den Degen" *(A. Schopenhauer)*.

Niegeliebte müssen leiden,
Vielgeliebte lassen leiden.

Liebe unterscheidet sich von Lust dadurch,
dass sie nicht nur klaren Kopf kriegen will.

Liebesunfähige halten sich für liebenswerter.

„Liebe deine Feinde!" Als müßte jeder erst
dazu ermahnt werden, sich selbst zu lieben!

Ich habe ein Auge auf dich geworfen.
Aber erst die Liebe auf den zweiten Blick
macht blind.

Liebe dich selbst wie dein Nächster!

Erst opfere ich mich, weil ich dich liebe,
dann liebe ich dich, weil ich mich aufopfere,
und am Ende hasse ich den,
der das Opfer nicht wert war.

Wir lieben unsere Feinde.
Hassen wir unsere Freunde etwa nicht?

Lass dich selbst durch Feindesliebe
nicht zu Tätlichkeiten hinreißen!

Liebe ist, wenn ich dich in mein Herz
geschlossen habe, das ich an dich verloren habe.

Ob du geliebt wirst oder verfolgt,
immer ist einer hinter dir her.

Logik der Liebe. Ich liebe dich. Du liebst mich.
Also liebe ich doch mich selbst.

Nur in der Liebe ist der *Baum der Erkenntnis*
der *Baum des Lebens.*

Liebe deinen Nächsten in seinen Stärken
nicht weniger als in seinen Schwächen.

Liebe ist Egoismus in seiner liebenswertesten
Form, weil Egoismus Liebe ist
in ihrer unbeliebtesten Form.

Wahre Liebe verzeiht sogar Eigenliebe.

Die Frau von heute nimmt sich aus Liebe
zu Männern keinen oder aus Haß auf Männer
einen nach dem anderen (sagen sie, sagt sie).

Daran hat keine 'Sexwelle' etwas geändert:
Liebe ist Ende der Unschuld.

Ob der dich schon liebt, der dich nicht schlägt,
weil er Schmerzensschreie nicht erträgt?

Christentum auf Deutsch:
Liebe deine Ausländerfeinde!

Eine Liebe zu denen, die uns nichts für sie tun
lassen, kommt christlicher Feindesliebe schon
verdammt nahe.

Liebe zum Magen geht durch die Köchin
und Lieblosigkeit durchs Magengeschwür.

Früher verloren wir unseren Kopf noch
aus Liebe, heute aus Ökopax-Feminismus.

Liebe macht blind für die eigenen Reize
und für die Blindheit des anderen.

Rote Liebe zwischen Linken
ist Vergesellschaftung der Reproduktionsmittel.

Warum soll ich meinen Nächsten lieben?
Er liebt sich doch schon selbst.

Liebe deinen Nächsten, bis er dein Feind ist,
und liebe deine Feinde –
damit sie vor Hass zerspringen.

Wahre Eifersucht ist noch beunruhigter
über die Treue des Geliebten.

Zu viele Eheleute lieben über ihre Verhältnisse
mit anderen Partnern.

Im Psycho-Zeitalter träumt niemand mehr
davon, der Traum seines Geliebten zu sein,
sondern sein Traumdeuter.

Liebe ist *fishing for complements*.

Liebe deine Feinde, ja, aber gleich heiraten?

Jeder liebt in seinem Nächsten nur sich selbst,
mag sein, aber sich selbst lieben kann jeder
auch nur in seinem Nächsten.

Heute wird aufgeklärter über die Gefahren,
die dem Sex durch die Liebe drohen
als der Liebe durch die „Sexualaufklärung“.

Liebe deinen Nächsten, wie er sich selbst,
nicht wie er dich liebt!

Liebe deine Feinde, aber bitte nicht meine!

Entwicklungshilfe ist die Caritatur
der Fernstenliebe.

Liebe an deinem Nächsten,
dass er sich mehr liebt als dich!

Amor läuft Amok:
Der Lustmord ist ein Freudscher Verlieber.

Liebe ist, wenn Mann und Frau
auseinander Orgas-Mus machen.

Ödipuskomplex : Ich liebe Mutter Natur, und
Gottvater ist für mich schon lange gestorben.

Ein Misanthrop ist kein Mensch,
der nur Misanthropen liebt,
sondern nicht allein sein kann.

Pascal liebte sich selbst wie seinen Nächsten
— als etwas Hassenswertes.

Ich liebe mein Vaterland. Nur dort
kann ich von fremden Ländern träumen.

Wer nicht die Gesellschaft einer Geliebten
sucht, muss die Gesellschaft lieben.

So ist der Mensch: Er liebt das Leben
und macht Seitensprünge.

Liebe kann einen Mann so blind machen, dass
er seine Frau mit dem Blindenstock verprügelt.

Um dem Gebot der Feindesliebe zu genügen,
genügt oft Eigenliebe.

Gestern hieß es : Mehr Sex und weniger
Kinder! Heute gibt es weniger Liebe
und mehr Menschen.

Liebe deine Feinde
und schlucke Antidepressiva!

Das Beste ist der Feind des Guten?
Liebe deine Feinde!

Liebe dich selbst wie deinen Nächsten.
Das würde genügen.

Mancher liebt seine Feinde so sehr,
dass er mit ihnen noch neue zeugt.

Wenn wir alle von Adam und Eva abstammen,
ist jede Liebe verbotener Inzest.

Gegenliebe? *Amor*tisierung
einer Transvestition.

Ödipus bringt Papa um (Mama). Der Erdensohn
ist vergänglich, denn er vergeht vor Lust
auf Mami und sich an Papi.

Jede Liebe will den Kopf verlieren,
in dem sie sich doch vor allem abspielt.

Jeder gute Schüler legt sich verliebt
ins gemachte Prokustesbett seines Lehrers.

Psychologen-Ehe : Liebe auf den ersten Blick
durcheinander hindurch.

Ich liebe es, wenn meine Feinde mich lieben,
ich liebe Feindesliebe.

Ich liebe dich nicht, weil du mir Gutes tust;
ich liebe, was ich dir Gutes tue.

Voyeure? Schaulustige Augenzeuger.
Ejakulation? Ver-Lust, männlich ertragen.

Tierschützer sind selten pflanzenlieb,
Pflanzenschützer selten tierlieb
und beide oft nicht menschenfreundlich.

Wer Geist und Gutes hasst,
liebt die Menschen.

Liebe und Ehe : Er *hat* sie anders als sie ihn.

Liebe d(ein)en Affen wie dich selbst!

Nichts kann Liebende trennen. Ein Nichts.

Potenz : moderne Form der Liebesunfähigkeit.

Meine Selbstliebe hasst deine.

Selbstlosigkeit : ein Placebo für Nächstenliebe.

Es gibt auch im Westen noch Großfamilien:
Eheleute mit vielen Geliebten.

Ehen realisierten stets ideale platonische Liebe.

Liebende aller Länder, enteignet die Eigenliebe!

Geliebte Menschen lieben das Leben.

Du träumst von ewiger Liebe,
die etwas Ewiges in dir (an)erkennt.

Zu einer glücklichen Liebe
passt oft nur einer allein.

Nur der Sklave der Geliebten
wird der Gesellschaft Herr.

Unglückliche Liebe wird die glücklichste Ehe.

Liebe deine Todfeinde,
das Wahre, Gute, Schöne.

Ob man einen Menschen liebt oder hasst,
man liebt seine Schwächen.

Philosophen denken
und Dirnen lieben um Geld.

Liebe stürzt die Selbständigen
und stützt die Unselbständigen.

Liebe ist keine Schwäche
für fremde Schwächen.

Du erziehst deine Kinder so,
dass die Enkel dich mehr lieben.

Tu alles aus Liebe,
doch aus Liebe nicht alles!

Grobian liebt Grobian,
Mimose hasst Mimose.

Liebe macht blind dafür,
dass Adam und Eva sich *erkannten*.

Erst sind Liebende so vernünftig, verrückt
nacheinander zu sein, und dann so verrückt,
Vernunftehen zu schließen.

Ich liebe mich. Aber nicht Leute wie mich.

Mauern sind die Brücken der Liebe, sagt sie.

Liebe die Ab- und Ansichten deiner Feinde
wie deine eigenen!

Die Liebe eines Menschen zu erringen,
ist kein stolzes Verdienst,
sondern göttliche Geruchschemie.

Man liebt und hasst jetzt ganz gerecht –
ohne Ansehen der Person.

Ich muss Leute lieben, deren Hass
ich mir nicht leisten kann.

Liebesgebot : Du kannst dich selbst mal gern
haben wie deinen Nachbarn.

Gegen Sex ist die Liebe gehemmt,
auch physisch voll Metaphysik.

Liebe heißt : Ich mach und mag dich leiden.

Sartre und *de Beauvoir* konnten keine Töchter
zu Geliebten machen und adoptierten
Geliebte als Töchter, *c´est la femmille.*

Mehr Feinde haben gute Menschen
zu lieben als böse zu fürchten.

Lüstlinge ergreifen,
Liebende sind ergriffen.

Wenn der liebe Gott böse wird, ist er nicht
gleich der Teufel, und Satan, wenn er auch
deine Wünsche erfüllt, noch kein lieber Gott.

Werden Mädchen von Frauen mehr gehasst
als von Männern geliebt?

Liebe 2020 : Selbsterfahrungskurs
zwischen Autisten.

Menschenliebe ist eifersüchtig
auf alle, die sich und einander lieben.

Liebende bleiben oft zusammen,
weil sie einander keine Trennung gönnen.

Große Liebe ist nicht der kleinste Hass.

Halt dir den Nächsten
durch Liebe vom Hals!

Liebe von heute liebt die Frage:
Erlaubst du mir, dich zu vergewaltigen?

Liebe gehört zu unserem passiven Wertschatz.

Ich liebe es glücklich,
mich unglücklich lieben zu lassen?

Man liebt, was man nicht hat, man hat,
was man nicht liebt, und hat nie geliebt.

Eine Frau, die nicht alle Liebhaber in einem
einzigen Mann hat, hat in allen Liebhabern
nicht einmal einen Mann.

Menschen machen Liebe,
Liebe macht Menschen, Leute lieben Macht.

Liebe kann nicht unterscheiden
zwischen Glut und Blöße.

Liebe wird Sex,
wo Tuchfühlung nur Distanz schafft.

„Schoß" ist männlich, „Hode" weiblich
und „Zeugen" ursächlich.

Wer nach Liebespartnern ganz verrückt ist,
sieht im Kondom nur eine Gummizelle.

Ihr tut mir Gutes.
Zur Strafe müsst ihr mich lieben.

Ich liebe und bewundere dich –
und mich dafür noch viel mehr.

Man liebt Gott weniger als seine Familie
und haßt seine Feinde mehr als den Teufel.

Man stirbt daran, nichts zu lieben,
wie an dem, was man am meisten liebt.

Aufklärung : Liebeserklärung
und Geschlechterkriegserklärung.

Ich habe dich zum Fressen gern: Wer liebt,
verschlingt sein Verschlungenwerden
und wird von seiner Fresslust aufgefressen.

Gäbe es Familien, wenn Verliebte zehn Jahre
bräuchten, um sich kennenzulernen?

Wird glühende Liebe, die eiskalte Duschen
erhält, stahlhart?

Du liebst dich selbst –
den Nächsten deines Nächsten.

Verliebte sollten nicht vernünftig sein
und Eheleute nicht verrückt nacheinander.

Warum wurden frühere *Vernunftehen*
glücklicher als heutige Liebesehen?

Wer ohne Schnaps Mut zeigt,
steckt schon im Liebesrausch.

Die Gesellschaft zersetzt sich, da jeder nur
sich selber liebt, und hält zusammen,
da jeder sich beliebt machen will.

Gestorben bist du, wenn nach dir auch die tot
sein werden, die dich lieben.

Man liebt und hasst einander
trotz seiner Eigenschaften.

Zeugen und Töten sind leicht;
warum sind Lieben und Sterben so schwer?

Wer meine Schwächen lobt, liebt mich
wie einer, der mir meine Vorzüge verzeiht.

Man ist verurteilt, den zu lieben, den man
nicht anzugreifen wagt, und den zu verachten,
dem man seine Liebe zu gestehen fürchtet.

Die Gesellschaft setzt sich zusammen
aus vielen Scheidungspaaren
und zerfällt in beliebig viele Liebespaare.

Beliebte Kunst ist beliebig :
Kunst beginnt, wo Lust und Liebe enden.

Zum ersten Mal haben mehr Frauen
als Männer Hochschulabschlüsse,
doch immer noch wollen sie lieber
die Manager heiraten, die zu werden
sie zu feig und zu faul sind?

Triebe zwingen uns Menschen auf, die wir
freiwillig nicht ansähen, und treiben uns Leute
aus, die wir liebend gern kennenlernen würden.

Laufen, Lieben, Lesen, heißt es, soll sehr gesund
sein und fit halten. Da läuft man lieber weg
vor jedem Buch und Bett.

Im Bett sind wir alle gleich, im Lieben
wie im Sterben. Sobald wir aufstehen,
erheben wir uns zu ungleicher Größe.

Nur zwischen Gleichberechtigten
wird der *kleine Unterschied* groß genug,
ihn liebevoll zu überwinden.
Wer ihn hasst und fürchtet, macht ihn größer.

Lieben heißt sich begeistern für den,
der unsere Lieblingsideen widerlegen
und unsere lustvollsten Gewohnheiten
durchkreuzen soll.

Wer das Leben nicht nur platonisch lieben will,
nimmt gern an platonischen Ideen Maß,
um dann Mittelmaß abzugeben.

Einst ward Gott der Herr geliebt
als himmlischer Vater, nun wird der eigene
Vater gehasst als häuslicher Herrgott.

Du liebst so viel, wie du dir untreu wirst.

Liebe deine Feinde – nicht nur in ihrem Pech.

Um Leute zu lieben, braucht es
weder Egoismus noch Selbstverleugnung.
Sieht nur Eigenliebe überall nur Eigenliebe?

Liebe dich selbst – nur als selbstlosen Geliebten

Einst kriegten Liebende sich nie,
nun kriegen sie sich immer satt.

Bis dass der Tod euch scheidet,
wisst ihr nie, ob ihr euch je geliebt.
Viele essen, zeugen und schuften,
damit einige speisen, lieben und handeln.

Gut & böse : Aus Egoismus helfen
oder aus Nächstenliebe schaden …

Liebe 2000 : Ich begehre (auf gegen) dich.

Man begehrt Besseres und liebt Schlechteres.

Wer die Liebe von Tabus befreit,
befreit sich von ihr.

Jesus liebte seinen himmlischen Vater
und hasste seine leibliche Mutter :
Freud hätte ihn behandelt.

Du hasst den, der dir gibt,
und liebst den, dem du gibst.

Liebe 2000 : Jeder will allein sein damit,
mit wem er nicht allein sein will.

Geliebte und beliebige beliebte Dinge
verdinglichen die Liebe.

In vielen Ehen holen Frauen nur
den Widerstand gegen ihre Verführer nach.

Ist die Liebe erkaltet? Alte Ehepaare
machen sich nur die Hölle kühler.

Nur meine Eigenliebe leugnet,
alles bloß aus Eigenliebe zu tun.

Liebe deinen Nächsten wie dich selbst
– egoistisch. Aber nicht alle Leute lieben es,
sich masturbieren zu lassen.

Ein Fuchs, der sich in eine Gans verliebt,
ist ein Esel.

Adam und Eva *erkennen* sich nicht,
seit Liebe nicht mehr blind macht.

Eva ist nun lieber mit dem Betrieb verheiratet,
als für ihre Familie zu arbeiten.

Liebe ist, wenn mein verletzlichster Punkt
dein Kopf ist.

Eigenliebe wird nicht immer erwidert.

Ohne Kinder bleibt die Liebe
auch nicht ewig jung, aber kindisch.

Die Liebe erkaltet nicht,
Mutter Erde erwärmt sich für uns.

Liebe will nur Sieger erobern.

Die Liebe kann ich dir nicht erklären,
aber meine Liebe oder den Krieg.

Kismet. Liebespaare lassen sich scheiden,
Todfeinde heiraten einander.

Jedes der beiden Geschlechter liebt es heute,
sich mit dem andern vor dem andern zu tarnen.

Adam und Eva *erkannten* einander, aber lieben
sich Wahrheitsliebe und Geschlechtsliebe?

Liebespaare können noch das Blaue
vom Himmelbett herunterliegen.

Ich bin eifersüchtig,
weil du schon eincn andern liebst – dich selbst.

Liebe ist die Einheitssoße,
die über jeden Teufelsbraten gegossen wird,
um ihn unsichtbar und schmackhaft zu machen.

Der Christ wünscht seinem schlimmsten Feind,
dass der ihn liebt wie sich.

Abscheu scheut sich zu lieben,
und man liebt, was man zu hassen scheut.

Für das Gute, das du mir tust, liebst du mich
mehr als für das Gute, das ich dir tue.

Liebe deine Feinde! Das vernichtet sie.

Soll ich dich lieben, gib mir mehr *Oxytocin*.

Wirbt man lieber mit Waren *um* Frauen
oder mit Frauen *für* Waren heute?

Ist Sex für Geld liebenswerter als Geld für Sex?

Frei bist du erst, wenn niemand sich mehr
erlauben darf, dir etwas zu erlauben.

Von sexueller Befriedigung ist nur freigegeben,
was friedlich macht.

Für die meisten ist Freiheit so etwas
wie Ersatzbefriedigung für Bindungen.

Der freie Wille wird geleugnet, um uns
die beschämende Entdeckung zu ersparen,
dass gar nichts zu wählen da ist.

Gesunder Menschenverstand :
dichterische Freiheit nüchterner Menschen.

Unser Bestes geben wir nur unter Zwang
und freiwillig nur das Allernötigste.

Jeder freie Mensch stammt ab von seinen Zielen
und plant seine Herkunft.

Westliche Freiheit?
Ungenutzte Überbaugenehmigung.

Die Wirtschaft schmiedet dauernd Pläne zur
Befreiung des Marktes, aber damit der Markt
nicht gesättigt ist, dürfen wir nicht satt werden.

Hätten wir Atomkriege doch schon hinter uns
und könnten mit dem einfachen Leben
in freier Natur endlich anfangen!

Ich bin der Meinung, nicht jeder habe das
Recht, seine Meinung frei zu äußern, er habe
eine ganz andere Meinung als alle anderen.

Freiheit war einst eine Abweichung von sturer
Folgerichtigkeit, ja, aber wer früher konsequent
war, zog nur auf inkonsequente Weise
seine Inkonsequenzen.

Nicht alles, was aus der Ernsthaft befreit,
ist Humor.

Pfarrern beichten wir freiwillige Laster,
Psychologen unfreiwillige Tugenden.

Wer seine Triebe nicht ins Bewusstsein
verdrängt, muss kein freier Mensch sein.

Ein Masochist ist ein Opfer
des freien Willens, Opfer zu sein.

Es ist noch kein freier Mann,
wer zu mittelmäßig ist,
seinen Herren als Mittel zum Zweck zu dienen.

In Demokratien ist Denken aus demselben
Grund frei wie in Diktaturen verboten :
Jedem soll der beschämende Gedanke erspart
werden, gar nicht denken zu können.

Frei ist nur, wer nicht mal sich selbst gehorcht.

„Wirf alle Bücher weg und geh hinaus
in die freie Natur!"
„Aber ich lese doch stets im *Buch der Natur*."

Freizeit, Gleichgültigkeit, Brüterlichkeit:
Freiheit von allen gleichen Brüdern!

Neuigkeiten werden langweilig.
Das Freizeithobby guter Journalisten
sind Metaphysik oder ewige Unwahrheiten.

Der Unmensch ist frei,
und wär´ er in Gold- und Etiketten geboren.

Willensfreiheit und Gedankenfreiheit
ersetzen nicht Willen und Gedanken,
aber die Religionsfreiheit
hat nur von der Religion befreit.

Unsere Sinne sind immer noch offen für die
freie Natur : Wir haben Tomaten auf den Augen
und Bohnen in den Ohren.

G. W. F. Hegel : „Freiheit ist Einsicht in die
Notwendigkeit" der Mittel für eigene Zwecke.

Was hat Freiheit für einen Sinn,
wenn man nicht freier ist als andere?

Presse- und Versammlungsfreiheit müssen
heute Gedanken und Willensfreiheit ersetzen.

Arbeit macht nicht frei, aber Freiheit macht erst
Arbeit und dann arbeitslos.

Frei sein hieße wählen können,
zwischen welchen Möglichkeiten zu wählen ist.

Freiheit ist die Fähigkeit, etwas nicht nur
deshalb zu tun, weil man es kann.

Ordnung ist die Freiheit, die die Freiheit
sich selber nimmt. Freiheit ist das Schicksal,
dem das Schicksal selbst unterworfen ist.

Einst wurde gehorcht — widerwillig.
Heute ist man frei — widerwillig.

Nur fesselnde Bücher machen freier,
nur spannende Krimis entspannen.

Wer seine große Freiheit liebt,
der freit seine große Liebe.

Zu viele Menschen sind eingesperrt
in die Freiheit von allem Wissensballast.

Freie Natürlichkeit ist meistens
nur ungezwungene Geistlosigkeit.

Alle sagen, ich sei frei. —
Damit ich mich nicht befreie?

Die Gedanken sind frei? Nur dieser.

Freie Autobahn dem Sehnsüchtigen!

Die Gedanken sind frei. Das ist der Beweis,
dass niemand denkt.

„Es ist doch nichts dabei." Ja, wozu dann bloß
die Geschlechter befreien?

Geschichte ist Fortschritt
im Bewusstloswerden der Unfreiheit.

Moderne Freiheit ist eiserner Zwang
zur Ungezwungenheit.

Lateinisch 'liber' bedeutet : 1.) frei 2.) Buch.
Man hört immer nur von Freiheit.

Wer Verantwortung hat, ist frei.
Wer frei sein will, will sie loswerden.

Freiheit ist das Schicksal,
das sich das Schicksal selber bereitet.

Freiheit der Gedanken ist ein schöner Gedanke.

Freiheit ist immer die Freiheit, an anderes
zu denken, oder anderes als Denken.

Wer befreit wurde, ist unfrei,
und frei sein heißt, sich selbst zu binden.

Liebe deine Feinde und wünsche ihnen
freie Frauen und Freifrauen an den Hals.

Sire, geben Sie Denker, Denkmäler
oder wenigstens die Gedankenflucht frei!

Deine Freiheit ist immer die Freiheit des anders
Denkenden, dich zu befreien von deinem Kopf.

THEORIE ODER PRAXIS?
DENKEN ODER HANDEL(N)?

Sogar die richtige Theorie der Individualität
sollte ganz individuell sein.

Theoretisch handelt er : Er denkt praktisch.

Einst war die gesuchte Einheit von Theorie und
Praxis wenigstens noch eine schöne Theorie
oder Theologie.

Jeder Erkenntnistheoretiker hat den Grundsatz:
Zur Sache, Wort- und Antwortschätzchen!

Denker *now* : Graue Zellen entwickeln
graue Theorien des grauen Alltags.

Erst sah man das Pfaffengewäsch in Theologien
und nun schon in jeder reinen Theorie.

Um Praktiker zu sein, genügt es nicht,
keine theoretische Begabung zu haben.

Gute Beispiele verderben schlechte Theorien,
schlechte Exempel nie gute Theorien.

Empirismus ist die Theorie, dass Theorien nicht
genügen und alles aus der Sinneserfahrung
stammt außer der Theorie,
dass alles aus ihr stammt.

Wer A sagt, muss auch A tun
und nicht B sagen, sagen Praktiker,
und wer A sagt, muss auch B sagen
und nicht A tun, sagen Theoretiker.

Die berühmte Einheit von Theorie und Praxis
wird meist so verstanden, dass der Kopf schon
alle Kompromisse vorwegnimmt,
die das Handeln dann ohnehin eingeht.

Für Untäter sind Theoretiker
energische Zitatmenschen.

Theoretiker sind selten.
Die übrigen Menschen haben zwei linke Hände.

Theorie und Alltag haben eins gemeinsam :
die Farbe Grau. (Aber auch ihr Grau in Grau
hat Grauzonen und grauenvolle Grautöne.)

Theorie & Praxis. Was du dir ausdenkst,
handelst du dir ein.

Die Vererbungslehre vererbt sich nicht,
die Abstammungslehre stammt weder
von Darwin noch vom Affen ab, und nur
die Evolutionstheorie entwickelt sich weiter.

Grau ist alle Theorie, aber sie malt wenigstens
nicht schwarz-weiß und wendet sich nicht
von selbst an — das Herz.

Ein Praktiker unterscheidet sich vom Theoretiker fast dadurch, dass er theoretisch nur handelt,
statt nur theoretisch zu handeln.

Der Mikrokosmos ist ein Zerrspiegel
des Makrokosmos, aber spiegelt
die Quantentheorie auch die Relativitätstheorie?

Die größte Kreativität entwickelt *auch,*
die geringste *nur* ihre eigene Theorie.

Systematische Gesellschaftstheorien
spiegeln soziale Zwangssysteme.

Verelendungstheorie. Der vierte Stand
hat den materiellen Wohlstand des Kleinbürgers
und der dritte Stand den geistigen Tiefstand
des Proleten erreicht.

Eine Theorie, unter die alles fällt,
lässt sich kaum aufstellen,
ohne dass sie gleich mitfällt.

Die Realität versteht der Forscher nur in der
Tradition seiner Theorien, der gemeine Mann
nur in der Praxis seiner Traditionen.

Theorie und Praxis : Werke verhüten Taten,
und Taten verhüten Werke.

Ihre praktische Bedeutung liegt darin,
dass eine gute Theorie existiert.

Wer Überschüsse an Theorien erwirtschaftet,
kann damit handeln.

Nur graue Theorien kommen raus
aus den grauen Zellen in den grauen Alltag.

Jede Aktionstheorie wird beherrscht
von dem Gedanken des entthronten Denkens.

Wer Theorien praktiziert, handelt wie einer,
der von Realität träumt.

Die raffinierteste Genussfähigkeit der Welt
erreicht der vielbelächelte reine Theoretiker.

Neue Ideologien zeigen die harte Politik von
schwammigen Theorien, aber alte Institutionen
die laxe Praxis von strengen Doktrinen.

Was soll ein guter Künstler anfangen
mit Quantentheorie oder Phänomenologie
und ein stiller Gelehrter mit einer Weltliteratur
voller Kriegsgeschrei und Liebeshändeln?

Theologie ist menschliche Theorie
der göttlichen Praxis und Gesellschaft
eine menschliche Praxis, die Theorien
über himmlische Theorie auslegt.

Das theoretische war dem praktischen Leben
immer überlegen, weil untätiges Wissen
mehr bewirken kann als tätiges Unwissen.

Erfahrungen können ein Weltbild widerlegen
nur zusammen mit einem besseren.

Was aus einer Theorie nicht folgt,
verfolgt sie.

Künstler handeln, indem sie Gedanken
und Gefühle nicht in Untaten verwirklichen,
die zu Werken anregen, sondern in Werken
verkörpern, die zu Tatenlosigkeit animieren.

Experimente werden vorgeschlagen
von Praktikern, die sie nie auswerten,
und von Theorien, die ihre eigenen Totengräber
nie finanzieren können.

Wissenschaft macht Fakten so lange zu
Beispielen von Theorien, bis diese Theorien
als Musterbeispiele für Tatsachen gelten.

Maschinensturm im Wasserglas. Der Arbeits-
sklave befreit sich, indem er sich zum Geistesarbeiter macht und Selbstbefreiungstheorien
selbst ausarbeitet statt nur ausführt. Er überführt
die asoziale Wirklichkeit in eine eigene Selbst-
befreiungslehre statt eine sozialistische Revolutionstheorie in die soziale Wirklichkeit.

Theorie & Praxis : Wer *über* Menschen
nachdenkt, will *mit* ihnen handeln.

Kants drei Kritiken: Vorurteile der Theoretiker
sind Axiome, der Praktiker Prinzipien
und der Künstler Maximen.

Wissenschaftstheoretisch ist die Gottesidee
nicht mehr als eine bloße Hypothese,
mehr als eine bloße Hypothese zu sein.

Computer verstehen keine Aphorismen,
aber sich auf Systemtheorien.

Theorie will, was das Beste wäre,
Praxis will, was gut genug wäre.

Die Evolutionstheorie dient praktisch dem
Überleben durch Anpassung an eine Umwelt
von überzeugten Evolutionstheoretikern.

Pech ist die Poesie der Praktiker –
und die Theologie der Theoretiker.

Revolutionstheorie § 1 : BWL ist nicht VWL.

Die Theorie praktischer Realisierung von
Theorien ist praktisch nicht mehr realisierbar.

Die Konsenstheorie von *Habermas* ist sinnfrei,
weil prinzipiell unwiderlegbar : Wer sie auch
kommunikativ bestreitet, gibt ihr schon Recht.

Logische Schlüsse eröffnen praktische Ent-
schlüsse, aber Praxis widerlegt keine Theorie,
da gute Theorien das aktive Leben entkräften.

Der einzige rationale Nutzen von etwas ist der
praktische Nutzen nicht *von* reinen Theorien,
sondern *für* reine Theorien.

Praxis bestätigt empirisch widerlegte Theorien,
und Erfahrung bewährt praktisch widerlegte
Theorien.

Realität ist so, dass sie zu Träumen zwingt,
doch Phantasie nicht so,
dass sie zum Handeln treibt.

Erst denken, dann handeln?
Erst reden, dann nichts mehr tun!

Philosophen denken kaum noch,
sie handeln nur noch. – Mit Begriffen.

Träumen vereint mit den Dingen,
Handeln entzweit mit den Dingen,
und Denken vereint beides zugleich.

Ob Handarbeit oder Kopfarbeit,
das Wesen des Handelns ist das Köpfen.

Eskapismus. Soziale Probleme
behandelt vor allem jener, der keine hat.

Wer weniger handelt und mehr verhandelt,
wird auch nicht besser behandelt.

Es handelt nicht schon besser,
wer mehr Gutes tut.

Abstraktes Denken braucht konkrete Dinge,
konkretes Handeln aber abstrakte Begriffe.

Verleger handeln noch mit ihren Büchern
und Autoren nicht mehr durch ihre Bücher.

Wer nie genug weiß, um handeln zu können,
kann aber reden und schreiben,
um nicht handeln zu müssen.

Der letzte Ausweg jener, die nicht denken
können, ist Handeln, und die nicht handeln
können, das Schuften.

Eine Bürokratie erkennt man stets daran,
dass sie rasch und unbürokratisch handeln will.

Die meisten verstehen alles außer der Logik
und (sich auf) gar nichts außer zu handeln.

Dass gute Praktiker gleich ranmüssen,
ist eine schlechtere Theorie.

Man kann nicht handeln, um glücklich
zu werden, man muss schon so glücklich sein,
handeln zu wollen.

Die Evolutionstheorie lässt sich
nicht korrigieren von Menschen,
die nur von ihr aus gesehen werden.

Einst war Handeln brauchbar und das Grübeln
unnütz. Nun werden die Theorien praktikabel
und große Taten immer theoretischer.

Der Praktiker macht sich zum Opfer
der Theorien, die er nicht kennt.

Jede gute Theorie befördert einen Fortschritt
und behindert den folgenden.

Träumen ist, wenn man trotzdem wacht;
Theorie ist, wenn man Machern trotzt.

Arbeit macht Handeln zum *Neg-otium*.

Der erste und der letzte Anhänger einer Theorie
werden ausgelacht (also hilfreich unterschätzt).

Aphoristiker sind reine Theoretiker. Sie führen
praktisch nicht weiter aus, was sie ausdrücken.

Theoretiker wollen nur an keinem Tatort
erwischt werden.

Nur der theoretische und kontemplative Zweck
heiligt die aktiven und praktischen Mittel.

Sinn jeder Tat ist ihre nutzlose Theorie,
Sinn jeder Lehre ist Untätigkeit statt Untat.

Der Konstruktivist wehrt die Realität ab
wie der gute Realist die beste Theorie.

Naturforscher glauben,
durch technische Anwendung
ihrer Entdeckungen schon praktisch zu handeln.

Hippokrates. Wem was fehlt, der sucht
eine Praxis auf, wer nichts hat, die Theorie.

Eine neue Theorie ist ein Aufstand
gegen gängige Praxis, die der Sklave
einer alten Theorie ist.

Ist die Wahrscheinlichkeitstheorie
mehr als wahrscheinlich wahr?

Theorie : höchste Form der Praxis;
Handeln : niedrigste Form des Denkens.

Theorie verhält sich nun zur Praxis
wie der Querkopf zum Quertreiber.

Man denkt mit Ellbogen, handelt mit Köpfen.

Der Blick ist eine Theorie, der Bauch liefert
Beispiele, die Brust widerlegt sie, und das Bein
vergeht sich.

Die Brust will sich brüsten,
die Hand will handeln, der Kopf will köpfen.

Der Arme legt Hand an;
der Reiche handelt damit.

Philosophie war mal eine Relativitätstheorie
der verabsolutierten Praxis.

Theoretiker gelten als Handlanger der Praktiker,
diese für jene als handfeste Ideologen.

Dass Praxis wichtiger sei als bloße Theorie,
ist eine bloße Theorie.

Theorie und Praxis : Spinnen und basteln,
einsam dösen und gemeinsam davon quasseln.

Was deine Theorien widerlegt,
nennst du bloße Theorie,
und was meine Theorien widerlegt,
nennen deine Theorien nackte Tatsache.

Redliches Handeln weist bloßes Reden von der
Hand, behandelt aber Handarbeit wie Dreck.

Wer Taten sprechen lässt,
handelt mit Worten.

Es handeln nur Vorbehandelte.

Fakten dürfen Theorien nicht besser erklären
als Theorien die Tatsachen.

Theorie & Praxis. Denken heißt „Kopf hoch“,
Handeln heißt „Kopf ab“.

Wissenschaftler verwandeln Praxis und Fakten
nur in Theorietests.

Schwarzweißmalerei verschönt graue Theorien,
grauen Alltag und das Feldgrau(en).

Theorien werden in Untaten praktikabel.

Versteht ein Konzept die Aktion besser
als Praxis (sich auf) ihre Theorie?

Handeln sucht Probleme loszuwerden,
ohne sie zu lösen.

Nach Denken kommt Sprechen
in Widersprüchen, die das Handeln abtun.

Wer Motive und Folgen nicht kennt,
handelt; wer sie kennt, denkt.

Kommunikation verhält sich zum Handeln
wie ein Schauspieler zum Helden.

Geschichte: Von Kundschaftern des Handelns
zur Kundschaft des Handels.

Uneigennützigkeit ist die Objektivität
der Praktiker, und Sachlichkeit
ist die Selbstlosigkeit der Theoretiker.

Logik ist die Kunst, schwere Dinge
wie luftige Ideen zu behandeln, u. u.

Entscheide dich praktisch
für mehr Entscheidungstheorien!

Nur Weltuntergangstheorien schieben ihn auf.

Realistische Praktiker sind Feiglinge.
Sie flüchten vor gewagten Theorien.

Lieber graue Theorie in grauen Zellen
als blaue Bohnen und blutrote Praxis.

Hänge einer guten Theorie an,
doch nie ihren besten Anhängern.

Das moderne Schreckgespenst sei dein
Wunschbild : Der weltfremde Gelehrte
zwischen verstaubten Folianten, der abgeho-
bene Theoretiker ohne Praxisbezug, der starre
Dogmatiker und graue Studierstubenhocker.

Nur verstiegene Theorien steigen
tief genug ein in praktische Probleme.

Warum ruft eine Theorie nach mehr Belegen
als eine Sache nach Begriffen?

Der Theoretiker, der sich selbst ändert,
benötigt – und der Praktiker, der die Welt
ändert, *verkörpert* eine Begründung.

Eine Theorie sollte zu wahr sein für die Praxis
und ein Mensch sich zu gut sein für Aktionen.

Auch Nietzsches Theorie, dass jede Theorie
unwahr sei und nur Macht ausüben wolle,
ist dann unwahr und will nur Macht ausüben.

Jugend : vital und dummdreist.
Riskante Praxis, bequeme Theorien.
Alter : altklug und rappelig.
Kleinmütige Praxis, gewagte Theorien.

Praktiker sind Leute, denen die Wahrheit
viel zu theoretisch ist.

GUT. Every theory of everything müsste
selbstverständlich auch sich selbst verstehen
– ohne weitere (Meta-)Theorie.

Theorien haben wahrscheinliche Gründe
und unwahrscheinliche Folgen oder sichere
Prognosen und unsichere Prämissen.

Theorie und Praxis sind theoretisch eins
und im Zweifel praktisch entzweit.

Praxis ist ein Gerät, Theorie ist Gerätsel.
Praktiker verschwenden und versenken
ganze Erdteile, Theoretiker verschwinden
in ihrer Versenkung.

Theorie und Praxis verhalten sich nun
eher wie Unmut und (Über-)Mut
als wie Demut und Zumutung.

Paradoxie ist die Form, in der Theorien
praktisch, Abstraktionen konkret,
Normen normal und Ideen realistisch werden.

Konzepte der Praktiker sind so viel wert
wie die Rezepte der Theoretiker.

Eine gute Theorie ist der Sieg
der festen Wahrheit über die gängige Praxis.

Lieber Kosmologie als Kosmetik,
lieber Chaostheorie als Chaoten?

Es gibt auch Praktiker, die von der Nachwelt,
und Theoretiker, die von der Innenwelt
abgeschnitten sind.

Der reine Theoretiker sperrt die engagierten
Praktiker von Babel in ihren Elfenbeinturm.

Früher lag die Wahrheit in einer Theorie,
heute nicht einmal in der Realität.

Pragmatische Praxis ist viel unbegreiflicher
als gute reine Theorie.

Die Welt ist voller Widersprüche.
Wie kann da eine Theorie wahr sein,
die es nicht einmal zu Widersprüchen bringt?

Eine Theorie, die gesellschaftlich funktioniert,
ist damit widerlegt.

Praktiker realisieren Ideen, um sie dadurch zu
verstehen. Theoretiker verstehen an Ideen nur,
was zu gut ist, davon realisiert zu werden.

Vier Erkenntnistheorien : Jeder (v)erkennt,
wie er die Welt (v)erkennt.

Theorie sucht das Wahre,
Praxis findet die Ware.

Wittgenstein behandelt Probleme
wie ein Arzt seine chronischen Patienten.

Wie viel muss heute verdrängt halten,
wer hemmungslos handeln will?

Wir handeln nur noch durch das,
was wir für den Handel herstellen.

Du kannst untätig bleiben, deine Untaten
sind Tätigkeiten deiner Industrieprodukte.

Jeder handelt, wie er behandelt wurde,
und tut nur, was man ihm antat.

Wenn jeder, der an andere denkt,
im Grunde nur (an sich) selber denkt,
handelt er vielleicht selbstlos,
wenn er auch mal an sich selber denkt?

Handarbeiter handeln nicht – sie werden be-
und gehandelt. Kopfarbeiter arbeiten nicht –
Köpfchen lässt arbeiten.

Wer handelt, tauscht Opfer gegen Gewinn.

Behandelt man dich schon gut,
wenn man sich von dir misshandeln lässt?

Heidegger, Bloch, Sartre. Philosophen, die im
20. Jh. besonders tief über politisches Handeln
nachdachten, handelten politisch bedenklich.

Man handelt ohne gute Gründe
und unterlässt es trotz aller guten Gründe.

Könnte darin noch handeln,
wer das große Ganze durchschaute?

Handeln verbraucht mehr Leben,
doch weniger Lebenszeit als Denken.

Ich bin für mehr Denken und weniger Handeln,
damit mehr Untätige und weniger Untäter ihre
Denkmäler bekommen.

Ein Gelehrter handelt, indem er weiß,
wovon seine Bücher handeln.

Handel und Verhandeln ist die Arbeit der Faul-
pelze, Schuften die Handlung der Habenichtse.

Pragmatiker denken gewöhnlich
viel verrückter, als Philosophen handeln.

Politik handelt, wenn Beunruhigung
mit Unruhen (ver)handelt.

Handeln heißt heute handarbeiten lassen,
und Denken heißt Köpfen.

Wer so klug ist, vorher nachzudenken, wird
nicht so dumm sein, danach auch zu handeln.

Welche Bücher handeln nicht mit dem,
wovon sie handeln?

Wir sind so frei, Gutes zu tun,
und so böse, unfrei zu handeln.

PROLETEN

Was ist der Unterschied
zwischen *Aussteigern* und Proleten?
Die einen wollen ein einfaches Leben führen,
die anderen müssen.

Utopie : Proletarier aller Länder, einigt euch
auf den vierundzwanzigstündigen Geistesarbeitstag!

Proletarier aller Länder, (arbeiterbildungs)vereinzelt
und zerstreut euch, bevor die Volksfeinde
und -freunde aller Länder sich einigen!

Proletarier aller Länder, einigt euch erst einmal,
(jeder ein einzelner) Proletarier zu sein!

Was ein Proletarier nur für sich selbst täte,
täte er für die ganze Menschheit. Was ein Bürger
für die Menschheit tut, tut er nur für sich selbst.

Die Herrscher aller Länder arbeiten
an der Begrenzbarkeit des Atomkriegs
auf Proletarier aller Länder.

Solange Arbeitsfriede herrscht,
wird Leben geführt wie ein Krieg :
Der Bürger krempelt die Ärmel
des Arbeiters hoch und legt sein Geld an (auf ihn).

Bürger gehen auf die Straße,
Arbeiter liegen schon dort.

Psychologen und Soziologen wollen nur herausbekommen, wie man aus Arbeitern mehr heraus-
bekommt, ohne dass die das herausbekommen.

Ein Arbeiter ist der Mensch,
der sich einer Maschine bedient,
die sich des Menschen bedient,
der sie bedient, um Gegenmenschen zu bedienen.

Links am Arbeiter sind nur noch seine zwei Hände.

Kein Arbeiter kann Bücher so verachten
wie ein Intellektueller.

Ja, der Arbeiter bekommt jetzt etwas mehr,
als zur 'Reproduktion der Arbeitskraft' nötig ist.
Mehr nicht.

Wenn der Arbeiter schon kein reicher Produktions-
mittelbesitzer ist, sollte er wenigstens kinderreicher
Reproduktionsmittelbesitzer sein und geistreicher.

Sollen die Intellektuellen doch alle aufs Land gehen.
Wenn nur die Bauern auch Überbauarbeiter werden
wollten!

Arbeiter haben Material in dreckigen
und sind Material in sau-beren Händen.
Sie sollten endlich mal ihr Menschenrecht
auf Freizeit für Geistesarbeit einklagen!

Der 'Arbeiter der Faust' habe die Stirn,
'Arbeiter der Stirn' zu werden,
um ihn zum Teufel zu schicken, ans Fließband.

Proletarier in Demokratien sind Sklaven
mit allen bürgerlichen Rechten.

Wer Arbeiter beschäftigt, will Mitarbeiter sein,
wenn er Beschäftigte bearbeitet.

Arbeiter der Faust zeigen *Arbeitern der Stirn*
die Faust, statt ihnen die Stirn zu bieten.

Der Klassenkampf von großbürgerlichem
Kapital und proletarischer Fabrikarbeit
basiert auf dem Konkurrenzkampf
mittelständischer Labors um Steuermittel.

Das Materielle, das bei *Ernst Bloch* der Prolet
in die Hand bekommt, ist nicht bares Finanzielles,
sondern nur beseeltes Arbeitsmaterial.

Linke, die die *Innerlichkeit* verteufeln,
wollen Arbeiter am Nachdenken hindern.

Der Bürger träumt von Gemeinschaft, die das
Volk immer hatte. Der Arbeiter träumt nie von
Individualität, die der Bürger nur noch simuliert.

Handarbeitern kracht die Schwarte,
damit Kopfarbeiter Schwarten lesen.

Hat es sich eingebürgert,
dass Bürger sich endlich verarbeiten,
ohne dass Arbeiter verbürgerlichen?

Seit Karl Marx sind Proletariermassen
zu Kleinbürgerschichten glänzend verelendet.

Lumpenproletarier, die Marx aus seiner Leibklasse
feuerte, lud Jesus in sein Himmelreich,
aus dem Mutter Kirche sie wieder vertrieb.

Fabrikarbeiterlungen sind die besten
Schadstofffilter für Mittelstandslungen.

Die Arbeiterklasse schrieb noch nie
Klassenarbeiten.

Nach der Abschaffung der Arbeiter durch Maschinen
werden Klassenkämpfe schärfer zwischen Buch
und Bier.

Im Kommunisten bekämpfte man den Arbeiter
und im Arbeiter oft den Maschinenstürmer.

Arbeiter stehen vor Marxisten
oft elender als vor Bürgern.

Der Sozialismus scheiterte beim Versuch,
das Proletariat mit der Diktatur
des Industrialismus zu versöhnen.
Maschinenstürmer wären nie Kommunisten
oder ihre Opfer geworden.

Erst Nomaden gegen Sesshafte, dann Arbeiter gegen
Bürger, nun Einheimische gegen Ausländer.

Die Arbeiterin *emanzipiert* sich von Familienbanden
für das Fließband.

Werden schon mehr Bürger von Proletarisierung
bedroht als Arbeiter von Verkleinbürgerlichung?

Proletarier von morgen leben *für* und nicht
von Kunst und Kultur, doch sie leben *von*
und nicht *für* Fabrik-Arbeit.

Proletarier aller Länder, vereinzelt euch,
aber zerstreut euch nicht!

Wären Bürger, die Maschinen stürmen,
so dumm wie Arbeiter, die sie nicht sabotieren?

Die aufgestiegene Sozialdemokratie zerfiel
prekär in aufgestiegene und prekäre Arbeiter.

Bürgerkunst adelte Bauer, Hirt und Arbeiter,
aber nie Intellektuelle und Stubengelehrte.

Konsumistisches Manifest :
Proletarier aller Länder, zerstreut euch!
Kommunikationsmanifest :
Kontraletarier aller Vaterländer, einigt euch!
Kommunionsmanifest :
Trauerarbeiter aller Länder, verallgemeinert euch!
Kommunales Manifest :
Vereinsmeier aller Bundesländer, vereinzelt euch!

Seit Soziologen den Proletarier totsagen,
kann der sich erholen statt erheben.

Niemand macht sich die Hände schmutziger
als reine Kopfarbeiter.

Links sein heißt, sich für Schwache stark zu machen
und keine Schwäche für die Starken zu haben,
also an einer Idee von proletarischer Sozialrevolu-
tion festzuhalten und nicht am sozialistischen Mate-
rialismus einer bürgerlichen Popkulturrevolution.

Viele Kulturproleten beherrschen wenige geistreiche
Köpfe. Dieses Elend fand noch keinen Marx.

„Deutscher Sozialismus" 1968 war eine unverdiente
Erhebung von Bürgerkindern in den Proletenstand.

Arbeiterklassenprimus. Bürger kommen auf Ideen,
Proletarier dafür auf.

Paria, Penner, Bettler, Bummler, Outcast,
Faulpelz, Obdachloser, Stromer, Streuner,
Landstreicher, Schnorrer, Prekarier,
Taugenichts, Habenichts, Tagedieb, Armer,
Tippelbruder, Saufbold, Tramp, Klinkenputzer,
Lumpenpack, Lumpenproletarier, Lumpensammler,
Lumpengesindel, Knacki, Knoten und Straubinger,
Bohème, Eckensteher, Arbeitsloser …

Sozialismus war kein Weg vom Mitbürger
zum Mitarbeiter, doch rechte Proleten
sind Spießbürger, linke Bürger Spießarbeiter.

Proletarier, *Prolls,* Prekariat, Plebs, Paupers,
Unterschicht, Masse, Knoten, Leibeigene,
Arbeitskräfte, Arbeitssklaven, Arbeitnehmer,
Drecksarbeiter, Malocher, Lohnknechte,
niederes (gemeines) Volk, Werktätige, Fabrik(l)er,
Blaumänner, Fließbändler, (Hand-)Arbeiterklasse,
Lohnempfänger, Tagelöhner, Kulis, Arbeitstiere,
Arbeitspferde, Hörige, Gesinde(l), Bedienstete,
Domestiken, dienstbare Geister, (Haus-, Leib-,
Kammer-)Diener, Lakaien, Butler, Dienstboten,
Hiwis, Besorger, Untertanen, Untergebene,
Hausburschen, Faktotum, Reinigungskraft,

(Dienst-, Stuben-, Haus-)Mädchen für alles,
Stallmagd, Haustochter, Perle, Minna, Aufwärterin..

(Monopol-)Kapitalist, Imperialist, Börsenkönig,
Plutokrat, Krösus, Tycoon, Besitz- und Bildungs-
bürger, Ausbeuter, Unternehmer, Unterdrücker,
Oberschicht, Mittelstand, Oberklasse, Geldmann,
Kaufmann, Pfeffersack, Vorsitzender, Vorgesetzter,
Geschäftemacher, Blutsauger, Leuteschinder,
Profiteur, Wucherer, Industrieller, Klassenfeind,
Fabrikant, Fabrikherr, Schlotbaron, Arbeitgeber,
Bourgeois, Brötchengeber, Sklavenhalter,
Oberhaupt, Gebieter, Regent, Machthaber,
Gewaltherrscher, Potentat, Landesvater ...

Kant und Hölderlin arbeiteten lange als Hausdiener;
Sklaven werden noch lange nicht Geistesarbeiter.

Unterwelt : Die Neue Mitte nimmt es der armen
geschundenen Mitwelt und gibt es der armen
geschundenen Umwelt. Man schont die grüne Natur
und plagt die menschliche Natur ihrer Bearbeiter.

Arbeiter unternehmen endlich etwas : Unternehmer
sind jetzt Mitarbeiter. Arbeitnehmer wurden Sozial-
partner, Arbeiter sind Staatsbürger, Besitzbürger
wurden Kollaboranten.

Mit „Arbeiter- und Bauernstaat" verschwanden
auch Arbeiter und Bauern hinter Sozialarbeitern,
Trauerarbeitern, Networkers und Biogärtnern.

Das 19. Jh. schuf den gebildeten Arbeiter,
das 20. den halbgebildeten Bürger,
das 21. den reichbebilderten Mitarbeiter.

Ein Sozialist ist nun, wer aus dem Antikapitalismus
Kapital schlägt, und bliebe aktuell, wenn Arbeiter
sich das alles selbst ausgedacht hätten.

Praxis ist Getue mit Prädikat. *Literatur
der Arbeitswelt* will den Arbeiter von allem befreien
– außer von der humanisierten Fabrikarbeitswelt.

Linke leben nun in der arbeiterklassenlosen
Gesellschaft und verfolgen die Reichen
noch in den Geistreichen.

Sozialgerecht : Erschöpften Arbeitern wird
der abgeschöpfte Mehrwert stets heimgezahlt.

Arbeiter sind Menschen und Maschinen,
weil sie beides bedienen.

Das einzige Band zwischen Gastarbeitern
und inländischen Arbeitern sei das Fließband,
sagen Unternehmer.

Unternehmer übernehmen Arbeiter, Arbeit(nehm)er
übernehmen sich und unternehmen nur Ausflüge.

Wer Arbeiter anspricht, sich mal frei auszusprechen,
hat die gute Ausrede, dass die unsagbar schlechte
Aussprache gegen sie spricht.

Handarbeiter handeln nicht – sie werden gehandelt.
Kopfarbeiter arbeiten nicht, Köpfchen lässt arbeiten.

Das Schreiben ist die Handarbeit der Kopfarbeiter,
aber noch nicht die Kopfarbeit der Handarbeiter.

Schreiben Verliebte *solche* Gedichte,
sind sie besser verhasst als verliebt.

Wenn die Oberschicht in ihr Unterbewusstsein fällt,
sollte die Unterschicht in die Hochkultur aufsteigen.

Man lese z.B. seinen unmethodischen Versuch, die Poeme *Celans* mit seiner übergeneralisierten „Hermeneutik" zu "verstehen", und versteht schnell, dass ein treuer Heideggerianer einen jüdischen Dichter nur wenig versteht – so wenig wie Heidegger von Hölderlin. Ein weithin überschätzter Philosoph und prätentiöser Langweiler, der seine erzkonservative "Vorurteilsstruktur" vielleicht niemals "schritt-weise eingeholt" und an der Realität korrigiert hat. Blieb er nicht zeitlebens in seinem "hermeneutischen Zirkel" befangen, der nur ein rechter Teufelskreis war? *Gadamer* suchte "sprachlich verstandenes Sein" und verstand unverwüstlich immer nur Bahnhof (oder Selbstverständliches) statt sich selbst, aber verstand sich schon besser auf Hochschulmacht. Ein Jahrhundert lang suchte er das "Gespräch" und redete doch nur darüber, dass man "eigentlich" mal miteinander reden müsste, aber hatte er etwas zu sagen? Auch von verdammter Technik verstand ein Hans *Blumenberg* mehr, und das mit weniger betulicher Weitschweifigkeit. Kein Wunder, wenn Geisteswissenschaften bald ganz von allen Hochschulen verschwinden ...

Nachsommer : schönfärberischer Euphemismus des
Sommers für sein Ende.

Käufer haben mehr verkauft als Verkäufer –
sich selbst. Verkäufer kaufen mehr,
als ihre Käufer kaufen – die Käufer selbst.

Die Herb'stkollektion ist wohl die beste
Winterpretation des Sommerschlussverkaufs.

Stirbt der Sommer aus, beginnt der *Winter
unseres Missvergnügens,* wo ewige Eisblumen
blühen. Mein wahres Sommerende ist mein End-
sommer, Klimawandel hin, Klimahandel her ...

"Beim Inder" tafeln westliche *Brahmanen,
Parias* essen bei indischen "Tafeln".

Die ökonomische Frage ist vordringlich,
die ökologische nur aufdringlich.

Die Universität ist dem Universum so fern
wie mein Kopf dem Kopf Einsteins.

Gesamtwerk in Gesamtausgabe

Das publizierte Gesamtwerk entfaltet sich unter dem *monotheistisch* „Heiligen" im traditionellen Drei-schritt von **Logik** (Wahres), **Physik** (Naturschönes) und **Ethik** (moralistisch Gutes) zwischen Literatur und Philosophie.

1. Theologisch *Heiliges* :
„Der Ewige und Sein Urprojekt − *Religionsphilo-sophisch-metapolitische Reflexionen*"

2. Logisch *Wahres*
('Dritte Welt' der Gedanken) :
„Sind Physik, Musik und Mystik die Ethik
der mathematischen Logik?"

3. Ästhetisch *Schönes* (Physisches) :
„Zur Dialektik und Phänomenologie
der Natur- und Kulturidyllen"

Logik *(Ideelles)* und Ästhetik *(Physisches)* fallen unter **Idyllen**, die gemeinsam dem *Psychischen* der moralistischen **Satiren** kontrastieren.

Diese satirische Moralistik entfaltet sich ihrerseits als psychologische Ethik in sieben Sorten von litera-risch-philosophischen „Sprachspielen" :

1. **Philosophie** (Zwei Bände) :

„Objektivität durch Subjektivität
oder umgekehrt?" *(Erkenntnistheorie)*

„Gedankenlesen : Hirnforschung
ohne Computertomographen −
*Philosophie zwischen Wissenschaft,
Kunst und Religion*"

2. **Tiefenpsychologie**
der Philosophiegeschichte (Drei Bände) :

„Die Liebhaber der Sophie − *Philosophiegeschichte in Philosophengeschichten*"

„Wenn die Seele auf den Geist geht −
Chronik der unbewussten Weltbilder"

„Martin Heidegger − Versuch
einer Psychoanalyse seines *Seyns*"

3. **Proletarismus** (Ein Band) :

„Mann und Frau machen sich frei −
voreinander und voneinander :
Geschlechterkrieg oder Klassenkampf?"

4. Fünf **gesellschafts- und kulturkritische Essaybände** :

„Künste und Wissenschaften
als verlorene Paradiese"

„Ist *philosophical correctness* eine
Kommunikationswissenschaft?"

„Esprit und Geisteswissenschaften"

„Originell sein : Vergessenes plagiieren"

„Wer sich selber kennt, wird nichts mehr"

5. Satirische **Moralistik** (ein Band Sekundär-
literatur, sechs Bände Primärliteratur) :

„Aphorismus − Philosophischer Gehalt
in literarischer Gestalt"

„Mit einem Satz ins Freie"

„Quanten, Quarks und Strings im Kopf"

„Aphorismen zur Zeitaltersweisheit"

„Zwergrätsel, Satiren und Zwickmühlen"
(1. Auswahl aus mehreren separaten
   Aphorismenbänden)

„Aphorismen, Bonmots und Reflexionen"
(2. Auswahl aus mehreren separaten
    Aphorismenbänden)

„Philosophische Formelsammlung"

6. Fragmente (Zwei Bände Reflexionen) :

„Aufzeichnungen
aus dem Schwarzen Loch"

„Aufzeichnungen aus dem Mauseloch"

7. Literatur (Ein Band Lyrisches
und drei Bände Erzählerisches) :

„An sein Innerstes erinnert sich keiner −
Nicht ganz dichte Gedichte"

„Nur in der Fremde fühle ich Fernweh −
Idyllischer Roman"

„Wer fällt, gefällt − Aus dem schönen
Leben des Gebrauchsdenkers Ingo K."

„Angeln beruhigt −
weder Fische noch Würmer"

Das ganze Werk deckt *sieben* Kulturfelder in *27 Bänden* ab :

1. Monotheismus
   1 Band (onto-theologisch *Heiliges*)
2. Idyllen :
   1 Band Logik (Wahres)
   1 Band Natur (Schönes)

3. Leib (Arbeit / Liebe)
   1 Band Physisches
4. Seele (bw / ubw)
   3 Bände Psychisches
5. Geist (Philosophie)
   2 Bände Ideelles

6. Witz/Urteilskraft
   14 Bände Moralistik :
     5 Bände Essays
     2 Bände Fragmente
     7 Bände Aphorismen(auswahl)

7. Literatur (sinnlicher Sinn) :
   1 Band Lyrik
   3 Bände Epik

ANHANG
Große Aphoristiker sind im Bilde

Sekundärliteratur zum Aphorismus

Gerhard Neumann (Hg.): „Der Aphorismus.
Zur Geschichte, zu den Formen und Möglichkeiten
einer literarischen Gattung", Darmstadt 1976

„Ideenparadiese. Untersuchungen zur Aphoristik
von Lichtenberg, Novalis, Friedrich Schlegel und
Goethe", München 1976

Peter Krupka: „Der polnische Aphorismus",
München 1976

Hans Peter Balmer; „Philosophie der menschlichen
Dinge. Die europäische Moralistik", Bern 1981

Harald Fricke: „Aphorismus", Stuttgart 1984

Gisela Febel: „Aphoristik in Deutschland und
Frankreich", Frankfurt/Main 1985

Klaus von Welser: "Die Sprache des Aphorismus",
Frankfurt/M. 1986

Heinz Krüger: „Über den Aphorismus
als philosophische Form", Frankfurt/M. 1988

Werner Helmich: „Der moderne französische
Aphorismus", Tübingen 1991

Stefan Fedler: „Der Aphorismus. Begriffsspiel zwischen Philosophie und Poesie", Stuttgart 1992

Paul Geyer / Roland Hagenbüchle: „Das Paradox", Tübingen 1992, Würzburg 2002^2

Thomas Stölzel: „Rohe und polierte Gedanken. Studien zur Wirkungsweise aphoristischer Texte", Freiburg 1998

Lada Lubimova: „Struktur und Funktion des Aphorismus : eine textlinguistische Studie", Bremen 1998

Robert Zimmer: „Die europäischen Moralisten", Hamburg 1999

Michael Esders: „Begriffs-Gesten. Philosophie als Kurze Prosa von Friedrich Schlegel bis Adorno", Frankfurt/Main 2000

Rüdiger Zymner: „Aphorismus", In: Kleine literarische Formen in Einzeldarstellungen, Stuttgart 2002

Friedemann Spicker: „Kurze Geschichte des deutschen Aphorismus", Tübingen 2007

„Die Welt ist voller Sprüche. Große Aphoristiker im Porträt", Bochum 2010

Andreas Egert: „Der Fall Aphorismus. Zur Genese und Aktualität einer Gattung", Dresden 2015

Philosophische Grundbibliothek

Chuang-tsi: „Das wahre Buch vom südlichen Blütenland"

L. Annaeus Seneca : „Briefe an Lucilius"

Michel de Montaigne : „Essais"

Imm. Kant : „Grundlegung zur Metaphysik der Sitten"

S. Maimon : „Versuch einer neuen Logik … " (1794)

G. Fr. Hegel : „Phänomenologie des Geistes" / „Ästhetik"

Arthur Schopenhauer : „Aphorismen zur Lebensweisheit"

Friedrich Nietzsche : „Menschliches, Allzumenschliches"

Nicolai Hartmann : „Das Problem des geistigen Seins"

Hedwig Conrad-Martius : „Der Selbstaufbau der Natur"

Th. Adorno : „Minima moralia" / „Ästhetische Theorie"

Jean-Paul Sartre : „Der Idiot der Familie"

Hermann Schmitz : „Der unerschöpfliche Gegenstand" /
        „Der Weg der europäischen Philosophie"

I.M. Bochenski / A. Menne: „Grundriss der Logistik"

Hans Blumenberg : „Wirklichkeiten, in denen wir leben",
        „Die Vollzähligkeit der Sterne